RÈGLEMENT

INTÉRIEUR

DU CONSEIL GÉNÉRAL

NOUMÉA

IMPRIMERIE DU GOUVERNEMENT

1885

RÈGLEMENT INTÉRIEUR
DU CONSEIL GÉNÉRAL

RÈGLEMENT

INTÉRIEUR 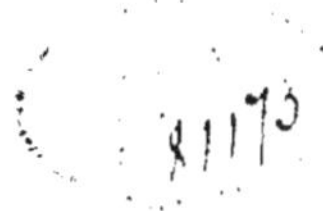

DU CONSEIL GÉNÉRAL

NOUMÉA

IMPRIMERIE DU GOUVERNEMENT

1885

RÈGLEMENT INTÉRIEUR

DU

CONSEIL GÉNÉRAL

CHAPITRE Ier.

**DE L'OUVERTURE DE LA SESSION ET DE LA CONSTITUTION
DU BUREAU PROVISOIRE.**

Art. 1er. Au jour et à l'heure fixés par le Gouverneur,
pour l'ouverture de la session, le Conseil général se
réunit dans le local affecté à ses délibérations et y at-
tend le Chef de la colonie qui, à son arrivée, est intro-
duit au sein de l'assemblée par le président et le secrétaire.

La présidence revient au plus âgé des membres présents et le plus jeune remplit les fonctions de secrétaire.

CHAPITRE II.

**DE LA FORMATION DU BUREAU DÉFINITIF ET DE LA
NOMINATION DU SECRÉTAIRE-ARCHIVISTE.**

Art. 2. Après le départ du Gouverneur, le président
d'âge déclare la séance ouverte, et il est procédé à l'é-
lection du président, du vice-président et de deux secrétaires.

Art. 3. L'élection a lieu au scrutin secret à la majorité absolue des suffrages. Si les deux premiers tours de scrutin n'ont pas donné de résultat, il est procédé au scrutin de ballotage entre les deux candidats qui ont obtenu le plus de voix. En cas d'égalité de voix, le plus âgé est nommé.

Art. 4. Sur la présentation du bureau, le Conseil nomme, à la majorité absolue des membres présents, un secrétaire-archiviste, qui sera pris en dehors de l'assemblée.

En cas de décès ou d'empêchement du secrétaire-archiviste, le Conseil, s'il est réuni, et la Commission coloniale, s'il ne l'est pas, pourvoira provisoirement à son remplacement.

CHAPITRE III.

DES FONCTIONS DU PRÉSIDENT, DES SECRÉTAIRES, ET DU SECRÉTAIRE-ARCHIVISTE.

Art. 5. Le président doit maintenir l'ordre dans le Conseil, y faire observer le règlement. Ses fonctions consistent à accorder la parole, à poser les questions, à annoncer le résultat des suffrages, à prononcer les décisions, à porter la parole au nom et conformément aux vœux du Conseil, à adresser directement au Ministre de la marine et des colonies les réclamations que l'assemblée aurait à présenter dans l'intérêt de la colonie, ainsi que son opinion sur l'état et les besoins des différents Services publics, enfin à correspondre avec le représentant de la colonie.

Il a la police de la salle du Conseil. Il est chargé de veiller à la sûreté intérieure de l'assemblée, il requiert de l'Administration, lorsqu'il y a lieu, la présence des agents de la force publique. Ces agents sont placés sous ses ordres.

Art. 6. Le président et les membres du bureau prennent connaissance des communications, lettres, avis, etc., adressés à l'assemblée et demeurent juges d'apprécier si les termes dans lesquels sont conçus ces documents en permettent la lecture en séance publique.

Art. 7. Les secrétaires sont chargés de reproduire, sous la direction du président et sous leur responsabilité, les délibérations du Conseil, d'en faire lecture, d'inscrire pour la discussion les conseillers, suivant l'ordre de leur demande, de compter ostensiblement les votes, de tenir note des décisions et ajournements prononcés.

Art. 8. Le secrétaire-archiviste a la garde des archives du Conseil et le dépôt des correspondances. Il est chargé de la comptabilité du Conseil, de veiller à l'entretien du local et du mobilier et de pourvoir à tous les besoins de l'assemblée.

Il est également chargé de recueillir toutes les notes destinées à la rédaction des procès-verbaux.

Il est expressément défendu au secrétaire-archiviste de donner connaissance à d'autres personnes qu'aux membres du Conseil et à l'Administration de tous documents confiés à sa charge autres que les délibérations du Conseil général, les procès-verbaux adoptés des séances publiques et la correspondance du délégué de la colonie.

CHAPITRE IV.

DE LA PUBLICITÉ ET DE LA TENUE DES SÉANCES.

Art. 9. Nulle personne étrangère au Conseil ne peut s'introduire dans l'enceinte réservée à l'assemblée. Le président peut cependant délivrer des cartes pour les places réservées.

Art. 10. Les personnes admises, soit aux places réservées, soit dans la partie affectée au public, doivent avoir une tenue décente; elles doivent demeurer assises et découvertes et observer le silence le plus complet.

Toute marque d'approbation ou d'improbation est interdite.

Les personnes qui s'en rendraient coupables seraient expulsées d'ordre du président.

Art. 11. Quiconque troublerait la séance serait déféré à l'autorité compétente.

Art. 12. Le président ouvre les séances et en prononce la clôture. Il indique, à la fin de chaque séance, après avoir consulté le Conseil, le jour et l'heure de l'ouverture de la séance suivante ainsi que l'ordre du jour.

Art. 13. A l'ouverture de chaque séance, il est procédé à la lecture du procès-verbal de la séance précédente; on passe ensuite à l'examen et à la discussion des travaux mis à l'ordre du jour.

Les noms des membres présents sont inscrits en tête du procès-verbal.

Il est également fait mention des noms des absents.

Par exception, le procès-verbal de la dernière séance de chaque session sera rédigé, lu et adopté séance tenante par le Conseil.

Après l'adoption du procès-verbal, le président et un des secrétaires parafent le bas du recto et du verso de chaque page, ainsi que les renvois et la mention collective des mots rayés.

Le procès-verbal est ensuite envoyé à l'imprimerie avec le bon à tirer du président.

Après l'impression, la minute est déposée dans les archives du Conseil avec quatre exemplaires imprimés.

Les procès-verbaux seront toujours publiés. Néanmoins, lorsque, conformément à l'article 28 du décret du 2 avril 1885, le Conseil décide le huis-clos, la discussion pourra ne pas être publiée, mais le procès-verbal contiendra la décision rendue.

Art. 14. Aucun membre ne peut parler qu'après avoir obtenu du président la parole.

Art. 15. Nul ne peut parler plus de deux fois sur la même question, à moins que le Conseil ne l'y autorise.

Art. 16. Le président a seul le droit de rappeler à l'ordre le membre qui s'en écarte. La parole est accordée à celui qui, rappelé à l'ordre, s'y est soumis et demande à se justifier; il obtient seul la parole.

Lorsqu'un membre a été deux fois rappelé à l'ordre dans la même séance, le président, après lui avoir accordé la parole pour se justifier, s'il le demande, doit consulter le Conseil pour savoir s'il sera de nouveau entendu sur la même question.

Le Conseil prononce par assis et levé sans débats.

Art. 17. Le président ne peut prendre la parole dans un débat que pour présenter l'état de la question et l'y ramener. S'il veut discuter, il quitte le fauteuil et ne peut le reprendre qu'après que la discussion sur la question est terminée.

Art. 18. Nul ne doit être interrompu quand il donne ou motive son opinion. Si un membre s'écarte de la question, le président l'y rappelle.

Le président ne peut accorder la parole sur le rappel à la question.

Tout membre qui est, deux fois consécutives, rappelé à la question, donne au président le droit de consulter le Conseil pour savoir si la parole ne lui sera pas interdite, pour le reste de la séance, sur l'objet en délibération. Le Conseil, dans ce cas, prononce par assis et levé, sans débats.

Art. 19. Les réclamations d'ordre du jour, de priorité, de rappel au règlement ont la préférence sur la question principale et en suspendent toujours la discussion.

Il en est de même lorsque la parole est réclamée pour un fait personnel.

La question préalable, les amendements présentés, sont mis aux voix avant la question principale.

Dans les questions complexes, la division a lieu de droit si elle est demandée.

Il est toujours permis de demander la parole pour poser la question; elle ne peut être refusée.

Art. 20. Sur toutes les questions, le Conseil vote par assis et levé, à moins que le sixième des membres présents ne demande le scrutin secret ou le scrutin public.

Art. 21. Lorsque le Conseil vote par assis et levé, le

président et les secrétaires décident du résultat de l'épreuve qui peut se répéter s'il y a doute.

En cas de partage, le vote du président est prépondérant.

Art. 22. Pour procéder au scrutin public, chaque membre dépose dans l'urne un bulletin blanc pour l'adoption et un bulletin de couleur pour le rejet. Dans l'un et l'autre cas, le bulletin portera son nom. Pour procéder au scrutin secret, chaque membre dépose dans l'urne une boule blanche pour l'adoption et une boule noire pour le rejet.

En cas d'empêchement momentané des secrétaires, le plus jeune des membres du Conseil remplit les fonctions de secrétaire.

En cas d'absence prolongée, ils seront remplacés par un secrétaire intérimaire nommé au scrutin.

Art. 23. Avant de prononcer la clôture de la discussion, le président consulte le Conseil.

Si la parole est demandée contre la clôture, elle ne peut être accordée qu'à un seul membre.

Dans le doute, après une seconde épreuve, la discussion continue.

CHAPITRE V.

DE L'EXAMEN DES BUDGETS, DES PROJETS ET DES PROPOSITIONS.

Art. 24. Tous les projets et toutes les propositions dont le Conseil sera saisi seront imprimés et distribués chaque fois que le Conseil le jugera nécessaire.

Art. 25. Chaque membre qui voudra faire une proposition la déposera sur le bureau pour être communiquée immédiatement au Conseil par les soins du président. Les propositions doivent être formulées en articles.

Si la proposition est appuyée, la discussion est ouverte pour savoir si le Conseil prendra en considération la proposition qui lui est soumise, s'il l'ajourne ou s'il déclare qu'il n'y a pas lieu à délibérer.

Si le Conseil décide qu'il prend la proposition en considération, cette proposition est renvoyée à une commission spéciale ou à une des commissions déjà nommées, qui la discute et désigne un rapporteur. L'auteur d'une proposition peut toujours être entendu par la Commission.

Avant ou après le renvoi à la Commission, le Conseil peut aussi décider qu'il y aura une discussion préalable sur la proposition.

L'urgence peut toujours être demandée par l'auteur de la proposition ou par un autre membre du Conseil.

Si elle est prononcée par la majorité des membres présents, la discussion définitive s'ouvre immédiatement.

Art. 26. La discussion préalable sur une proposition ne devra porter que sur l'ensemble de cette proposition.

La discussion qui suivra le rapport de la Commission est divisée en deux débats : la discussion générale et celle sur les articles.

La discussion générale portera spécialement sur l'ensemble de la proposition. La discussion sur les articles s'ouvrira sur chaque article, suivant son ordre et sur les amendements qui peuvent surgir et s'y rapporter.

Le Conseil ne délibère sur aucun amendement si, après avoir été développé sommairement, il n'est pas appuyé.

Art. 27. Quoique la discussion soit ouverte sur une proposition, celui qui l'a faite peut la retirer; mais, si un autre membre la reprend, la discussion continue.

Art. 28. Le résultat des délibérations du Conseil sur les questions et matières énumérées à l'article 45 du décret du 2 avril 1885 est proclamé en ces termes :

« Le Conseil est d'avis ou le Conseil n'est pas d'avis. »

A l'égard des propositions des membres du Conseil et des projets sur lesquels il est appelé à statuer, voter ou délibérer, conformément aux articles 40, 42 et 43 du décret précité, le résultat de ses décisions est proclamé par le président en ces termes :

« Le Conseil adopte ou n'adopte pas. »

Ces expressions seront aussi celles dont il sera fait usage dans les procès-verbaux.

CHAPITRE VI.

DES BUREAUX ET DES COMMISSIONS.

Art. 29. Au commencement de chaque session ordinaire, le Conseil général se divise en trois bureaux de cinq membres chacun, désignés pour l'année d'un commun accord par le Conseil, ou en cas de désaccord par voie de tirage au sort. Chaque bureau nomme un président et un secrétaire à la majorité absolue.

Ces bureaux ne fonctionnent que pendant les sessions du Conseil général.

Le président du Conseil ne fait partie d'aucun bureau ; il peut assister aux séances de tous.

Tout membre du Conseil peut également assister aux séances d'un bureau dont il ne fait pas partie.

Tous les projets, sauf en cas d'urgence, sont renvoyés à l'examen préalable des bureaux, qui nomment un rapporteur pour chaque projet.

Chacun des bureaux correspond à une ou plusieurs divisions de la Direction de l'Intérieur dans la nouvelle organisation.

Le premier bureau du Conseil examinera toutes questions rentrant dans les attributions du Secrétariat général, du 1er bureau de la Direction de l'Intérieur et du bureau de l'Immigration.

Le deuxième bureau du Conseil examinera toutes questions intéressant le Domaine, les Mines et le Service topographique (attributions du 2e bureau de la Direction de l'Intérieur).

Le troisième bureau du Conseil examinera toutes questions ressortissant au 3e bureau de la Direction de l'Intérieur.

A la première séance de chaque session ordinaire ou extraordinaire et après communication des projets de l'Administration, le président donnera acte au Directeur de l'Intérieur du dépôt des pièces.

Art. 30. En outre de la division en bureaux, le Conseil général peut former, durant ses sessions, toutes commissions spéciales pour examiner les questions qui lui paraîtront nécessiter cette délégation.

Chaque Commission discute séparément les questions; elles nomment chacune un président et un rapporteur.

L'Administration peut demander à être entendue par les Commissions.

Les rapports seront déposés sur le bureau du Conseil; quand le Conseil en aura demandé l'impression spéciale, ils seront distribués aux membres de l'assemblée et au Directeur de l'Intérieur vingt-quatre heures avant la réunion, à moins que le Conseil n'en décide autrement.

Art. 31. La lecture des rapports est, si le Conseil le décide, suivie d'une discussion générale sur l'ensemble du projet. Il est ensuite procédé à l'examen en détail et par article.

Dans le cas où l'auteur d'une proposition ne serait pas membre de la Commission chargée de l'examen de sa proposition, il aura le droit d'aller la développer au sein de cette Commission.

Tous les autres membres du Conseil peuvent assister aux Commissions, mais sans pouvoir prendre la parole.

Art. 32. Les pièces et documents qui serviront à l'examen du compte, des budgets et autres projets ou propositions, seront toujours déposés sur le bureau pendant les vingt-quatre heures qui suivront la remise des rapports, afin que les membres puissent au besoin en prendre connaissance, à moins que le Conseil en décide autrement.

La communication des pièces est de droit pendant toute la discussion générale.

CHAPITRE VII.

DE LA POLICE DU CONSEIL.

Art. 33. La poli   l Conseil est exercée par le président.

Les peines disciplinaires, pour les membres du Conseil, sont :

1° Le rappel à l'ordre ; 2° le rappel à l'ordre avec inscription au procès-verbal ; 3° l'inscription au procès-verbal avec censure.

Ces deux dernières peines ne peuvent être prononcées par le président que du consentement de la majorité des membres du Conseil.

Art. 34. Est rappelé à l'ordre, tout membre qui s'en écarte, qui trouble l'ordre par une des infractions prévues au règlement par l'article 18 ou de toute autre manière.

Art. 35. Est rappelé à l'ordre, avec inscription au procès-verbal, tout membre qui, dans le cours de trois séances, aura été rappelé trois fois à l'ordre.

Art. 36. La censure est prononcée contre tout membre qui, dans le cours de huit séances, aura encouru quatre fois le rappel à l'ordre.

Art. 37. Si l'assemblée devient tumultueuse et si le président ne peut la calmer, il se couvre. Si le trouble continue, il annonce qu'il va suspendre la séance. Si le calme ne se rétablit pas, il suspend la séance pendant un temps déterminé pendant lequel les membres du Conseil sortent de la salle.

A l'expiration de la suspension, la séance est reprise de droit.

Dispositions diverses

Art. 38. Si le Conseil général, pour une cause quelconque, juge convenable de nommer une députation, elle devra se composer de cinq membres, y compris le président et un des secrétaires; les autres membres sont nommés par la voie du sort.

Art. 39. Pendant la durée de la session, un membre qui voudra obtenir un congé devra le demander au Conseil.

Art. 40. Toute proposition tendant à modifier le règlement ne sera mise en discussion que si elle est faite par six membres de l'assemblée.

Aucune modification ne pourra être admise qu'à la majorité absolue des membres du Conseil général.

NOUMÉA. — Imprimerie du Gouvernement.